鄉野四時　知風霜雨雪
居家百卉　識竹菊蘭梅

鄉居集

楊先誠

Copyright © 2020 Xiancheng Yang（楊先誠）

All rights reserved.

Cover photo by Ping Yin（殷平）

Photographs courtesy of:

殷平	Helen H Yang	Eric Yang
先達	Xian-Jie Yang	燕子
黃敏	白健明	胡曉東
林虹	孫鳳國	高雅梅

ISBN: 978-1-7363775-0-5

目錄

詞 2012-2020   1

2012（壬辰）詞二首   2
- 雨霖鈴（迎春筵畢）   3
- 蝶戀花（颯颯竹枝歸宿鳥）   4

2014（甲午）詞十二首   5
- 如夢令（身畔彩箋綃素）   6
- 燕園憶四首   7
  - 江城子（玉蘭如雪沁幽香）   7
  - 如夢令（午後柳梢蟬噪）   8
  - 浣溪沙（一陣雨絲一陣寒）   9
  - 點絳唇（靜靜冰湖）   10
- 南鄉子（何處九天清）   11
- 定風波（鹿飲清泉覓水聲）   12
- 菩薩蠻（縱車藍嶺金風盛）   13
- 如夢令（求學渡洋心向）   14
- 極光村   15
  - 夢江南（極光見）   16
  - 夢江南（驚白樺）   17
  - 夢江南（淞霧掛）   18

2015（乙未）詞十九首   19
- 望江南（鄰母校）   20
- 卜算子（鞭炮爆飛花）   21
- 卜算子（充耳是鄉音）   22
- 點絳唇（雪絮冰晶）   23

訴衷情（天涯地角自飄零）	24
望江南（憑欄望）	25
望江南（孤燈影）	26
望江南（春何在）	27
減字木蘭花（信箱褪色）	28
望江南（春花謝）	29
少年遊（一聲清唳）	30
畫堂春（一池青翠半塘花）	31
鷓鴣天（昨夜秋風雨打窗）	32
行香子（縷縷霞光）	33
南歌子（落日柴林下）	34
南歌子（簌簌風搖木）	35
南歌子（桂魄光流轉）	36
南歌子（玉絮驚秋夢）	37
江城子（暖冬無雪草青青）	38
2016（丙申）詞十首	**39**
江城子（一簾幽幕月藍天）	40
鷓鴣天（細絮輕颺潤素欄）	41
虞美人（依稀雁唳驚宵短）	42
醉落魄（瀟瀟細雨）	43
一叢花（尋蹤萬里慕花仙）	44
滿庭芳（朝日初紅）	45
浣溪沙（暮雨飄飄倚素欄）	46
行香子（弱冠魁元）	47
鷓鴣天（綠草波生淺浪航）	48
西江月（菡萏千姿綻放）	49
2017（丁酉）詞八首	**50**

清平樂（年年歲歲）	51
昭君怨（濃霧花枝隱現）	52
一剪梅（碧水燕園塔影旁）	53
永遇樂（柔髮披肩）	54
虞美人（聲聲夢裡風和雨）	55
臨江仙（本是珊瑚居海底）	56
虞美人（一天信是晨光美）	57
行香子（修竹青青）	58

2018（戊戌）詞一首　　　　　59

減字木蘭花（金風依舊）	60

2019（己亥）詞五首　　　　　61

憶秦娥（傷離別）	62
望江南（紅海岸）	63
一叢花（牡丹麗質出天然）	64
八聲甘州（沐秋風蕭蕭爽晴空）	65
減字木蘭花（霜風蕭木）	66

2020（庚子）詞四首　　　　　67

減字木蘭花（飛來石上）	68
南歌子（驟起漫天雪）	69
浪淘沙（奮翻任盤旋）	70
蘇幕遮（踏雲舟）	71

詩 2012-2020　　　　　　　　73

伴侶	74
甲午中秋奉母賞月	75
觀瀑	76
乙未除夕	77

插隊四季 – 澆麥，割麥	78
插隊四季 – 中秋，餵豬	79
晨路	80
讚 7702 群主	81
澆梅	81
雲静畫室牡丹	82
雨後漫步	83
學八大山人畫有感	84
觀穆老師作焦墨山水畫	85
尋故	86
丙申中秋	87
七九八	88
寄武兄	89
慕倪雲林	90
讀劉希夷《白頭吟》	91
和八大山人	92
丁酉穀雨	93
聽小慶唱父親的草原母親的河	94
《蘭亭序》集字律絕十首 1-3	95
《蘭亭序》集字律絕十首 4-7	96
《蘭亭序》集字律絕十首 8-10	97
等苒苒電話	98
丁酉五月月將圓	99
題白健明尼加拉瀑布照	100
臨石濤山水	101
行書訣（一）	102
行書訣（二）	103

- 臺灣環島遊絕句八首　　　　104
  - 日暮登臺北101　　　　104
  - 風雨忠烈祠　　　　105
  - 日月潭清晨　　　　106
  - 日月潭文武廟　　　　106
  - 墾丁龍蟠公園　　　　107
  - 臺東三仙石　　　　108
  - 太魯閣長春祠　　　　109
  - 太魯閣慈母橋　　　　110
- 讀@孤鶩　踏雪峨嵋山　　　　111
- 辛夷　　　　112
- 讀@ruby《獨墅湖》文　　　　113
- 大楊寄小楊　　　　114
- 寄羅準　　　　115
- 雪中讀雨清春分詩　　　　116
- 京華二首　玫瑰、祭父　　　　117
- 日本紀遊九首　　　　118
  - 海濱公園粉蝶花　　　　118
  - 櫪木县足利花卉公園二首　　　　119
  - 富士山　　　　120
  - 東京小石川後樂園　　　　121
  - 東京築地魚市　　　　122
  - 東京皇居御苑二之丸園　　　　122
  - 和天龍放翁　　　　123
  - 京都元離宮二条城清流園　　　　124
- 先達通惠河畔散步　　　　125
- 驚聞朋友罹患絕癥　　　　126

世界杯賽間	127
《中華好詩詞》觀後	128
等女兒電話	129
題若方蘭花	130
路	131
紫薇	132
再校《回首春風》	133
再觀《中華好詩詞》	134
蠟梅	135
林虹航拍海南晨景觀後	136
埃及紀遊六首	137
埃及	137
晨曦	138
沙海蜃樓	138
阿布辛貝神廟	139
尼羅河上乘帆船	140
开羅元夕	140
題小潔山花照	141
己亥清明十首	142
兒童醫院南小公園	142
光善導遊北大校園	143
祭祖	144
楊家河套	144
洛陽中華牡丹園	145
少林寺	146
重遊洛陽龍門石窟	147
重遊洛陽白馬寺	148

乘高鐵	148
京城琉璃廠	148
夜鶯	149
亞速爾島四首	150
桃園望斷	150
山路	151
湖邊	152
海上逐鯨	153
再錄《插隊四季》詩有感	154
殷平素炒餅冠絕	155
雨中池邊漫步	156
羨讚鳳國伉儷登惠峰	157
己亥中秋	158
答同事陸韻慧退休贈言	159

懷念 2011-2020　　　　　161

長鋏歸來乎	162
兩支金筆	165
歌聲喚起媽媽的記憶	169
媽媽走了	171

補遺　　　　　178

竹影清心　耕幾畦有機菜圃
蘭香靜氣　讀千卷無用閒書

（殷平畫，竹石，2018。）

詞

2012–2020

2012（壬辰）詞二首

時隔多年，重誦唐詩宋詞，耳目一新。詩詞語言洗練，韻律典雅，既可寫景，更宜抒情。寫景則歷歷在目，意延畫外。抒情於豪放處萬丈浩氣，抒情而凄婉時九轉柔腸。或直抒胸臆，搖撼心旌；或一詠三歎，餘音繞梁。詩韻心生，情景交融，沉浸其中，興味無窮。

（殷平攝，初霞，2020。）

雨霖鈴

回京伴雙親歡度壬辰春節。返美，因時差，夜難寐，思念父母。效柳永"寒蟬淒切"詞，泣記之。

> 迎春筵畢，
> 對煙花炫，
> 共醉除夕。
> 輕姿曼舞飄去，
> 歌漸悄、熒屏寧息。
> 每盼承歡膝下，
> 又離別時即。
> 更惴惴、天水遙遙，
> 可得相期似今昔？
>
> 低眉欲語聲生澀，
> 戚戚然淚閃離人泣。
> 飛舟淺夢驚破，
> 縈望眼、家園難覓。
> 忍顧慈顏，
> 知是神憔體減寥寂。
> 碧落上煙海茫茫，
> 陣陣愁雲密。

（2012.1.31 初稿， 2017.1.27 重填。）

蝶戀花

憶紫竹院滑冰

颯颯竹枝歸宿鳥,
枯柳寒松,
冷月星光渺。
陣陣喧聲飄葦草,
碧湖凝玉華燈耀。

舒袂縈回形縹緲,
冰屑飛花,
一笑三春曉。
綠萼春桃凌料峭,
忽離忽近伊人佼。

(2012.3.21 初稿,2017.10.31 終稿。)

2014(甲午)詞十二首

去歲移居鄉間，常心動於村野閒景。妻殷平喜好养花種菜，更添田園韻味。國蘭香雅，株頂紅並蒂；君子蘭每年花開三度，斑竹海棠四季常開。庭前花卉，樓後蔬果，室内暗香，四時如春。

今年入微信群，親友同學間互動，頻獲靈感。开始學些詩詞格律，填詞以抒懷。作《詩詞訣》：

> 景生情，情寓景。
> 趁興吟，抒心境。
> 勤推敲，不矯情。
> 師先賢，物我融。

如夢令

入 7702 微信群有感

身畔彩箋綃素，
午夜夢回思睹。
嘗問枕邊人，
可有雁鳴斯處？
如訴，如訴，
雲裡錦書無數。

(2014.4.27 微信稿，2017.2.4 再稿。)

同學孫鳳國和詞《如夢令》有佳句：萬里親朋一處。孫兄飽讀詩詞，才思敏捷，時有佳作；且於我多有鼓勵。感佩！

(2018 載《回首春風 – 北大物理七七級四十年紀念》上卷，ISBN: 172505230X，amazon.com.)

燕園憶四首:感佩同學胡曉東的燕園佳照,記七七級求學時光。(2014)

江城子

早春入學

玉蘭如雪沁幽香。
綠柳揚,燕成雙。
閃閃游鱗,
塔影顫湖光。
松柏飛檐相掩映,
藏萬卷,聚賢良。

和風送暖化寒霜。
愿初嘗,盼雲翔。
朗朗書聲,
晨露沐朝陽。
夢似飛花知幾许?
興四化,振家邦。

(胡曉東攝,鳴春,2020。)

如夢令

仲夏湖畔

午後柳梢蟬噪,
博雅薰風浮耀。
魚淺碧空高,
光幻萬千奇妙。
知了,知了。
書頁盡塗殘照。

(胡曉東攝,翠影,2007。)

浣溪沙

晚秋館讀

一陣雨絲一陣寒,
金風無奈落英殘。
匆匆腳步館門前。

窣窣書中求妙義,
沙沙筆下試新篇。
靈犀點點豁然間。

(胡曉東攝,金風,2020。)

點絳唇

隆冬滑冰

靜靜冰湖，
朔風凜冽寒衣透。
影隨形走，
不見回蓁首。

瑟瑟浮圖，
軍綠紅綃秀。
牽纖手，
若無還有，
輕翼舒雙袖。

（胡曉東攝，玉絮，2013。）

南鄉子

獨立節隨小慶一家及朋友數十人,露營於優勝美地松林中。白天登山攬勝,歸来圍火夜話,指點星空。(2014.7.4)

  何處九天清?
  浩邈銀河瀉露營。
  斗轉星移綿亘古,
  冥冥,
  宇宙無垠星外星。

  篝火暗還明,
  美酒佳餚會遠朋。
  談笑風生千盞少,
  盈盈,
  話盡天南地北情。

定風波

父女晨遊優勝美地獨角峰下伊麗莎白湖。午後坦納亞湖畔，女兒寫生湖光山色，妻子觀景，我誦東坡詞"莫聽穿林打葉聲"，依韻作此。(2014.7.5)

> 鹿飲清泉覓水聲，
> 徐行笑語鳥啼鳴。
> 步步攀昇幽徑轉，
> 忽見，
> 石峰千仞瞰松青。
>
> 舊木身邊新綠盛，
> 恬静，
> 山形樹影鑒湖平。
> 遍地芬芳迷慰眼，
> 知返？
> 渾然物我忘歸程。

菩薩蠻

蓝嶺煙巒

縱車蓝嶺金風盛,
霜紅幽谷青穹映。
千里數延綿,
峰巔生霧煙。

欲尋泉涌處,
九曲羊腸路。
山頂瀉飛淙,
徜徉七彩中。

(2014.10.10)

(Blue Ridge, Great Smoky Mountains, NC)

如夢令

美漂

求學渡洋心向,
目斷天涯祈望。
袞袞逝時光,
後浪直推前浪。
漂盪,漂盪。
何處引觴怡曠?

(2014.11.27 初稿,2017.9.17 三稿。)

感恩節聚會,見到不少晚輩。心生感慨。旅美三十餘年,恰如闖蕩北京的北漂,是謂美漂。

初稿末句為:"何處淺酌低唱"。經學兄白健明和夏廷康提點,知柳永詞云:"忍把虛名,換了淺斟低唱"。二位學养深厚,點評精到。細讀柳詞,实與心境不和。改借陶淵明句:"引壺觴以自酌,眄庭柯以怡顏"。

極光村

Aurora Village，Yellowknife，Canada

(2014.12.20 – 12.25)

偕妻女觀北極光。連續兩夜好運，晴空無雲無月。近午夜，異響如雷，極光驟盛，四面八方，漫天如罩。光呈五彩，鮮活靈動，撲面而來，伸手可及。仰望星空，銀河有如雲遮；俯觀白地，玉雪卻泛熒光。北極光蔚為奇觀，平生僅見，將成永憶。成《夢江南》三首，記黃刀之行。

(Yang, Helen H. *Aurora Borealis*. 2014.)

夢江南

極光見，
人犬嘯長天。
翠鳳青龍呈妙舞，
毫光幢盖捲珠簾。
銀漢碧雲纖。

(Yang, Helen H. *Aurora Borealis*. 2014.)

夢江南

驚白樺,
茸角浴朝霞。
柔弱冰枝何剔透,
凜然霜幹恁挺拔。
裊裊紫煙華。

(先誠攝,白樺霜幹,2014。)

夢江南

淞霧掛,
冰雪比珠花。
玉絮獨行飄巷陌,
清涼彌漫落無瑕。
點點數寒鴉。

(殷平攝,霧淞瓊枝,2014。)

2015（乙未）詞十九首

隨身一冊袖珍版《蘇軾詩詞選》，幾被翻爛。閒時讀《唐宋名家詞選》（龍榆生著，上海古籍版），及《唐宋詞鑒賞辭典》（上海辭書版）。詞牌格律按《唐宋詞格律》（龍榆生著，上海古籍版），且參照先賢名篇。填詞用韻遵《詞林正韻》（【清】戈載著）及平水韻。作《填詞訣》：

> 詞牌格律，鑒讀前賢。
> 初稿寫意，意在筆先。
> 推敲煉字，平仄韻完。
> 吟詠三番，神滿意圓。

（殷平攝，蘭苞初綻，2020。）

望江南

會八中校友於北京民族宮

鄰母校,往事似雲煙。
且對故人思故事,
還聽新友唱新篇。
杯酒叙華年。

寒暑易,卅載箭離弦。
閃轉騰挪誇少壯,
琴歌裊繞黛蛾妍。
卻見鬢微斑。

(2015.2.17 初稿,2017.9.17 再稿。)

(殷平攝,清白,2020。)

卜算子

與弟弟妹妹齊聚京城,陪伴
母親共度乙未春節。

鞭炮爆飛花,
喜鵲登枝遠。
玉絮紛紛灑漫空,
卻嘆春來晚。

長壽倚窗紅,
會飲心扉展。
夜話圍爐忘歲寒,
洽洽親情暖。

(2015.2.18)

(殷平攝,春靄,2020。)

卜算子

年關南城稻香村內外

充耳是鄉音,
觸目佳餚請。
熙攘人叢郁稻香,
恍見兒時影。

街巷掛紅燈,
鞭炮聲聲磬。
霾霧難敵燄火濃,
乙未祈豐盛。

(2015.2.19)

(殷平攝,蝶舞,2020。)

點絳唇

霧淞

雪絮冰晶，
珊瑚溫潤妝如畫。
寒陽初射，
紫氣氳松樺。

玉葉珠花，
茸角瑤枝掛。
無瑕者，
臨風閒雅，
安肯輕飄下。

(2015.3.8)

(殷平攝，霧淞珊瑚，2014。)

訴衷情

入 7702 群週年

天涯地角自飄零，
遙繫燕園情。
群鴻振羽歸去，
萬里覓同行。

談六藝，
樂浮生，
吐心聲。
澹泊心遠，
常寄天真，
共享康平。

（2015.3.24）

白健明和詞《浣溪沙》有佳句：書生所見不雷同。（載《回首春風》上卷, 2018. ISBN: 172505230X，amazon.com.）

望江南

鄉居晨夕

憑欄望,
牛馬步閒姿。
綃霧輕撥明草色,
晨光淡抹啟朝暉。
鳴雀囀軒扉。

雲天上,
鴻雁一行飛。
君子蘭開金燦處,
疏枝搖曳落霞時。
把酒賦新詞。

(2015.3.3)

望江南

鄉居春曉

孤燈影,
疏雨打窗櫺。
平步路旁驚宿鳥,
凌空側轉落閒庭。
春雪半融蒸。

煙光薄,
繚繞淡柴荊。
林下去年枯葉銹,
壠頭今日麥苗青。
嫩蕊蘊春聲。

(2015.3.13)

(殷平攝,並蒂株頂,2015。)

望江南

鄉居春濃

春何在?
並蒂一枝紅。
君子蘭叢盈俊逸,
瀟湘竹淚點芳容。
斗室暗香濃。

循香徑,
花浪一重重。
凋卉從風旋彩練,
新葩綻蕊伴殘紅。
獨自立芳叢。

(2015.4.22)

(殷平攝,斑葉竹節秋海棠,2015。)

減字木蘭花

信箱

父親健在時,每日踱到樓下。开信箱,取書報,放入一布袋。回家後,伏案細讀。時有舊知故友,寄來書稿,展讀不輟。飯桌上,閒談時,縱論天下大事,洞若觀火。慈父仙去已兩年,睹物思親,因記之。

信箱褪色,
鐵鎖斑駁塵世隔。
人去箱空,
窄口徒張盼報童。

夜闌無寐,
洗面長流傷逝淚。
一夢難求,
駕鶴西行何處遊?

(2015.5.18)

望江南

春花謝,
跨海訪他鄉。
壁上青藤妝碧宇,
枝頭紫卉舞霓裳。
風細漫幽香。

青穹下,
三色夏宮墻。
昔日王侯追淡靄,
今朝遊客慕遺光。
觴詠嘆滄桑。

(2015.5.31)

潘納夏宮(Pena Palace, Portugal),距里斯本三十公里,建於十九世紀中。三色三式,紅(哥特)、藍(繆林)、黃(伊斯蘭)。

少年遊

観歌舞

一聲清唳,
蒼涼悲愴,
催下淚千行。
蛾眉頻斂,
裙裾展捲,
素手扇花揚。

舞步漸疾聞奔騎,
激越蕩寒霜。
百囀琴音春聲起,
繁花媚,
彩雲祥。

(2015.6.27)

Flamenco dance shows in Seville and Barcelona, Spain：歌者面色悲戚,舞者雙眉緊蹙。歌聲悲涼,雖不懂歌詞,仍不禁悲從中來。歡快的場景不多,來時,似苦盡甘來。

畫堂春

荷

一池青翠半塘花，
蜻蜓立，萼無瑕。
含苞脉脉裹紅紗，
輕擺戲鳴蛙。

覽盡暮雲月色，
吐吞朝霧明霞。
七重玉蕊捧蓮芽，
嫋嫋舞韶華。

(Kenilworth Aquatic Gardens. 2015.7.18)

鷓鴣天

乙未立秋

昨夜秋風雨打窗,
初晴百鳥唱晨光。
庭前月季滴紅露,
樓後青蔬凝翠霜。

瓜蒂短,豆須長。
瓜藤豆蔓上東牆。
蘇詞一卷輕吟詠,
半盞清茶茉莉香。

(殷平攝,青蔬凝翠。)

行香子

縷縷霞光，
陣陣清涼。
登樓望，
村野微茫。
幾畦菜地，
數月辛忙。
喜冬瓜白，
絲瓜綠，
南瓜黃。

吟詞把酒，
垂釣秋塘。
西風漸，
草漾牛羊。
雲生萬象，
幻化無常。
伴馬聲嘶，
蟬聲切，
雁聲鏘。

(2015.8.24)

南歌子

落日柴林下，
銀鈎畫閣旁。
西樓長影挽霞光，
歸雁鳴空漸遠暮天涼。

細細炊煙隱，
飄飄糯米香。
凡塵一日寄清觴，
對飲溫言絮語暖枯腸。

（2015.10.14 初稿，2017.9.15 再稿。）

（初稿手跡）

南歌子

午時漫步

簌簌風搖木，
啾啾野雀頻。
煦陽燦燦暖幽人，
雨霽碧空清遠洗凡塵。

小徑穿秋綠，
長林盡彩紛。
蕭蕭落葉滿苔茵，
淡淡秋傷一縷上凝翬。

（2015.10.30 初稿，2020.12.5 再稿。）

（初稿手跡）

南歌子

思親月將圓

桂魄光流轉,
梅枝影黯然。
故園此刻日中天,
萬里嬋娟難共夢魂牽。

白髮萱堂遠,
愁絲客路延。
酒杯乾盡淚潸然,
遊子天涯流落念拳拳。

(2015.11.2 初稿,2017.9.12 再稿。)

(初稿手跡)

南歌子

燕園初雪立冬前

玉絮驚秋夢,
梨花報早冬。
瓊樓玉宇色涳濛,
雲重松青素抹鳥朦朧。

墜葉臨風旋,
秋聲落地濃。
亭亭銀杏靜園東,
塔影湖光幽徑點霜紅。

(2015.11.8 初稿,2017.9.15 再稿。)

(胡曉東攝,秋聲,2020。)

江城子

誠潔慶達四家感恩節團聚於鄉居

暖冬無雪草青青,
月華明,灑門庭。
萬里雲舟,
心繫手足情。
海闊天長欣聚首,
頻舉盞,盡歡聲。

離巢雛燕羽豐盈,
比雲鵬,任遨行。
聚散悲歡,
華髮鬢邊生。
縷縷離愁兼細雨,
絲未斷,淚難晴。

2016(丙申)詞十首

晨起，臨窗東眺，或朝霞初昇，或村野微茫，或青蔬綠茵，或雁落池塘。出門西望，有殘月倚樓，有斗轉星移，有花卉凝露，有晨鳥鳴飛。

路上，复誦唐詩宋詞，思忖所見所悟，腹稿零星詞句，有時竟成半闋或整首。

歸来，夏秋兩季，落座露臺。半盞清茶，一卷詩詞，吟詠佳句，引為樂事。

江城子

乙未小寒上班路上

一簾幽幕月藍天，
曉星寒，
羽霞丹。
掠過疏林，
燈影舞綿延。
又是浮生今日始，
張睏目，
馭車前。

倏忽花甲逝華年，
向前觀，
意闌珊。
半世求知，
曾患路途艱？
問道書生豪興盡？
詩佐酒，
覓桃源。

(2016.1.6)

鷓鴣天

乙未臘八

細絮輕颻潤素欄，
蒼牛閒臥靜如磐。
披霜紅豆枝頭黯，
綴雪青茵漫地鮮。

雲慘慘，水潺潺。
冰花撲面點輕寒。
徐行阡陌幽人跡，
融入萋萋霜草間。

（2016.1.17 初稿，2017.3.18 終稿。）

（殷平臨摹【清】《芥子園畫傳》，2020）

虞美人

丙申驚蟄

依稀雁唳驚宵短,
簾外微風軟。
草青林暗早霞飛,
輕漾一塘春水落鴻歸。

叢蘭君子團花燦,
粉蝶飄然伴。
東村閒靜畫屏中,
悄引詩情遙上曉雲空。

(2016.3.9)

(殷平攝,相映成趣,2016。)

醉落魄

病中吟

瀟瀟細雨,
風聲盈耳樓高處。
巾偏面垢思無數。
黯淡愁傷,
無奈黃昏暮。

默誦蘇詞千古句,
恍惚遊夢東坡路。
雪堂側畔花千樹。
水調酣歌,
且共嬋娟舞。

(2016.3.19)

一叢花

在荷蘭觀賞鬱金香,值母親節。母親愛花,但年邁多病,不能同行。寄此詞。

尋蹤萬里慕花仙,
香壠望無邊。
花農巧手辛勤汗,
勝天工、異卉爭妍。
移步歎奇,芬芳暗伴,
能不醉花間!

天香寄愿長綿綿,
彌散到故園。
飛虹跨越重洋岸,
展奇葩、慈母堂前。
天各一方,心心印念,
祈盼月長圓。

(Yin, Ping. *Keukenhof, Netherlands*. 2016.)

滿庭芳

朝日初紅，雀鶯鳴囀，
隱隱雞唱昂揚。
倚樓圓月，垂淡淡柔光。
窗含綠茵翠阜，
煙霏淺，琪樹霞裳。
雨聲悄，塵霾盡洗，
呈夢裡仙鄉。

漫長，人生路，
還餘幾里，任我徜徉？
望前途尚遠，日暮殘陽。
且看修篁菡萏，
生泥壤，高節清芳。
偕紅袖，流觴曲水，
書翰墨千行。

（丙申夏至 2016.6.21）

浣溪沙

丙申小暑

暮雨飄飄倚素欄,
滌清炎暑坐微寒。
牛羊漫步下雲山。

千點飛螢明草色,
一輪皎月黯雲間。
樽前白髮嘆流年。

(2016.7.18)

行香子

六十感懷

弱冠魁元，而立留洋。
獵新奇，十載空忙。
時年不惑，弦易更張。
或鏡中花，池中月，畫中觴。

難知天命，客路迷茫。
再十年，猶滯他鄉。
餘齡彌貴，隨興徜徉。
且閱心經，空心境，度心香。

(2016.7.22)

(Yang, Helen H. *Yosemite Valley*. 2012.)

鷓鴣天

丙申霜降吟詩思親

綠草波生淺浪航，
稀疏瓜豆葉鳴廊。
蝶花零落風中舞，
鴻雁排空天際翔。

村野外，碧空長。
遙思北海秀菊黃。
袖寒東望吟佳句，
傳語霜風叩北堂。

西江月

雲靜畫室結業秀

菡萏千姿綻放，
雁凫百态思翔。
歲寒何處覓春光？
國色天香壁上。

美酒半酣嬌眼，
清歌幾曲迴腸。
鶯聲燕語繞畫樑，
宛轉琴音暢漾。

(2016.12.10)

2017（丁酉）詞八首

春前首次見到梅花，初夏女兒畢業，會灣區同窗，仲夏遊東非觀野生動物，秋遊寶島臺灣。每有感觸，填詞以記之。

(Yang, XC. *Sunrise, Maasai Mara*. 2017.)

清平樂

丁酉新年

年年歲歲，
爆竹聲中醉。
去國經年思舊事，
夢裡縈回濕淚。

迎春申酉輪回，
黃雞白髮新啼。
不舍流年逝去，
何當振羽雲溪。

(2017.1.28)

(初稿手跡)

昭君怨

去歲春,謝邱齊提示,种紅梅蠟梅各三株。今年春初,架天文望遠鏡,每日遙望數次。兩株紅梅含苞已旬日,今日一株花開於霧中。平生第一次見到真梅花,欣詠之。

> 濃霧花枝隱現,
> 但有異香彌漫。
> 朝日化霏煙,
> 展霜顏。
>
> 縱使寒風料峭,
> 惟見一枝獨俏。
> 玉蕊細柯中,
> 露春容。

(2017.2.23)

一剪梅

謝灣區同窗高誼

碧水燕園塔影旁。
晨浴霞光,暮浴霞光。
書山尋路夜茫茫。
孤對殘釭,共對殘釭。

微信雲中雁字翔。
言寄同窗,念寄同窗。
奈何聚短別離長。
來也思量,去也思量。

(2017.6.15,2018 載《回首春風》上卷)

永遇樂

觀禮女兒博士論文答辯及畢業慶典

柔髮披肩，丹唇輕啟，
清朗飛辯。
漸入遐思，穿行歲月，
總角童聲喚。
童顏玉琢，清眸似水，
稚怯好奇無限。
去翩翩，回神望處，
禦風鵬翼初展。

弦歌緩緩，飄然而過，
萬目覓尋顧盼。
八角儒冠，莊顏昂首，
清秀華袍璨。
唱名金榜，歡聲起處，
一葉風帆勁滿。
前途上，清流濁浪，
志恆達遠。

（答辯 2017.5.25，畢業典禮 2017.6.17）

虞美人

夢回肯尼亞草原

聲聲夢裡風和雨,
千里崎嶇路。
優遊狮豹鹿麋忡,
孤木娉婷原野落暉中。

年年群兽荒原徙,
水草何方美?
奔騰角馬覺來空,
入室霞光絲縷破熏風。

(2017.7.29 初稿,2017.10.20 再稿。)

臨江仙

過臺東小野柳

本是珊瑚居海底,
搖身化變青峰。
怪石岸立信潮中。
奇形神鬼斧,
傲視海天風。

濤去浪生無盡處,
華年逝去難逢。
舊時夢想退潮空。
新潮催夢覺,
五柳是先宗。

(2017.10.12)

虞美人

晨光

一天信是晨光美，
坐看紅霞起。
朝陽冉冉耀蒼穹，
更染田園空靜綠茵紅。

清新總使閒心敞，
極目天高爽。
碧空廣袤舞雲毫，
揮灑沖霄鵬舉任逍遙。

(2017.10.22)

行香子

臨摹石濤黃山畫卷，憶二遊黃山勝境。
1980年偕殷平，2000年還有苒苒同行。
黃山美景常浮現於腦海之中。

    修竹青青，携手同行。
    盤山徑，竹杖輕輕。
    奇峰百态，悦耳松聲。
    畫玉屏險，天都峻，蓮花盈。

    茫茫西海，萬變雲形。
    仙霞起，觀海猴驚。
    生花夢筆，妙悟心成。
    寫雲濤涌，翠溪冷，勁松錚。

              （2017.12.12）

2018（戊戌）詞一首

年來，忙於編輯北大物理系 7702 入學四十年紀念文集《回首春風》，疏於填詞。

減字木蘭花

慈母仙去,肝腸寸斷。

金風依舊,
照眼姜花搖錦繡。
又值中秋,
秋雨綿綿織悵惘。

京華菊秀,
賞月年年齊聚首。
一夕仙遊,
淚灑空空望月樓。

（2018.9.23）

2019（己亥）詞五首

遊歷在外，美景怡情，命筆添趣。鄉居景色依舊，然情懷不同，試賦新詞。

（殷平攝，空心菜花開五角，2019。）

憶秦娥

己亥年正月初一懷舊

傷離別,
雲天萬里歸心切,
歸心切。
盼陳契闊,
北堂銀髮。

歲寒酒暖親情熱。
南城十載京華月,
京華月。
煙花紛若,
故園春節。

(燕子攝,潔瓣,2014。)

望江南

　拾貝浮潛

紅海岸，
拾貝浪邊人。
水湛風輕三色碧，
沙軟足印一行新。
移步濕羅裙。

清波漾，
素手撥水分。
珊樹瓊枝爭眩目，
錦鱗游弋賦閒身。
一瞬出凡塵。

（2019.2.18 於埃及紅海）

一叢花

幼時讀《鏡花緣》，歎奇，心儀洛陽牡丹。清明祭祖，適逢花期，轉道洛陽，得遂夙願。想來仙界若有手機通訊，百花仙子和牡丹仙子仍會抗武后之命，遭罰下凡。

牡丹麗質出天然，
香漫洛河邊。
雍容自在春光裡，
見華姿、水側亭前。
珠女葛巾，
姚黃白玉，
芳郁誰爭妍！

催花詔命溯當年，
仙子獨超然。
可憐一炬焦枝慘，
慧根引、重續仙緣。
又度春風，
依然國色，
千古百花先。

(2019.4.10)

牡丹品種：珠女紅，葛巾紫，姚黃黃，白玉白。

八聲甘州

己亥重陽

沐秋風肅肅爽晴空，
閒情點無塵。
見姜花凋萎，
蟬鳴斷續，
葉墜紛紛。
但有菊叢漫豔，
傍竹影清鄰。
盈耳驚長唳，
歸雁成群。

遠眺神州勝景，
歸思追鴻翼，
飛上霄雲。
問心中眷念，
兩地幾成分？
夢中遊、水窮雲起，
撫瑤琴、月下嘯幽筠。
鄉關邈，
覓心安處，
或可寧神？

(2019.10.6)

減字木蘭花

己亥冬至

霜風蕭木,
籬外牛羊斜照暮。
雁跡輕煙,
列陣飛鳴點青天。

浮生半度,
江海漂搖尋夢路。
不見桃園,
醉眼斜川五柳前。

(2019.12.26)

(殷平攝,長空雁跡,2019。)

2020(庚子)詞四首

三月一日退休。本擬年內出遊四次,無奈被新冠禁足。編輯舊作之餘,瀏覽歷代詩詞,學新詞牌。

減字木蘭花

　　庚子年正月初一
　　同夏白二位學兄登石山

飛來石上，
緩步松間談笑暢。
振袂巖峯，
遠眺桃城禦朔風。

摩天崖壁，
並轡征鞍三將立。
歲月綿長，
幾度春風夏白楊？

　　　　（2020.2.16）

(Stone Mountain, Georgia.)

南歌子

雪雁

驟起翻飛雪,
翩然凜冽天。
輕煙縹緲禦風翩,
長唳鏗鏘清遠繞湖山。

白羽湖光鑒,
紅旌碧水間。
朝暉生處喚無眠,
舉翼鳴空何去可茫然?

(2020.2.16)

(Yin, Ping. *Snow Geese*. Middle Creek, PA.)

浪淘沙

麗春和牛牛,於數年前,登頂非洲最高峰乞力馬扎羅山(5895米)。近日在 zoom 講座中,重溫這段不凡歷程,令人讚歎不已。牛牛不愧是 Eagle Scout! (2020.10.25)

> 奮翮任盤旋,神色安然。
> 雙鷹舉翼逆風攀。
> 前路未知何足道,
> 恆志彌堅。
>
> 朝日雪峰巔,振羽摩天。
> 雄心一展意延綿。
> 望斷雲天心曠遠,
> 無盡河山。

(Yang, Eric. *Young Bold Eagle*. 2017.)

蘇幕遮

戊戌歲（2018年）上元節，美東暴風雪肆虐，桃城（Atlanta）則春意盎然。蒙夏兄廷康盛邀，7702共八位同學及家眷，聚會於清流閣夏府。川味晚宴，蕾麗湖（Lake Lanier）泛舟，夏府家宴，飲美酒，品佳餚；開懷暢談，撫今追昔；並商議北大物理系七七級入學四十年紀念文集《回首春風》編輯出版事宜。感佩夏家盛情，永憶同窗厚誼。

    踏雲舟，風雪肆。
    始見桃城，
    和暢初春意。
    蕾麗波平煙柳翠。
    書閣清流，
    共品元宵味。

    舊同門，心感思。
    回首春風，
    酒淺言深記。
    卌載時光濃雅誼。
    四海飛鴻，
    雲裡長相會。

（2020.11.1）

月缺月圓　朔望冥冥皆定數
花開花落　榮枯隱隱有緣因

詩

2012-2020

學詩習作有四言五言七言，有律詩，有古風。律詩用韻遵《平水韻》，格律依《詩詞格律》（王力著），且參照先賢名篇。

錄《詩詞訣》於此：

景生情，情寓景。
趁興吟，抒心境。
勤推敲，不矯情。
師先賢，物我融。

並錄《填詞訣》，改首句兩字：

古韻格律，鑒讀前賢。
初稿寫意，意在筆先。
推敲煉字，平仄韻完。
吟詠三番，神滿意圓。

伴侶

2012.3.26

潛修百年，緣共枕席。
白頭難達，偕老何易。
鄰里親朋，無須攀比。
心平氣和，待人律己。
香茗品賞，清水甘飴。
詩酒書畫，怡情妙諦。
共讀千卷，同行萬里。
地遠天長，連理比翼。

甲午中秋奉母賞月

2014.9.8

十五夜空清，
相攙望月明。
額紋書歲月，
慈目寫溫情。

（燕子攝，秋光，2014。）

觀瀑

2014.10.10

高林墜葉輕,
振袂踏秋行。
谷靜山溪蜿,
簾垂水自清。

(Pisgah National Forest, NC.)

乙未除夕

2015.2.18

妙舞笙歌秀,
煙花爆竹鳴。
酒醺除夕送,
夢醒早春迎。

(燕子攝,球蘭報春,2014。)

插隊四季

2015.3

讀黃敏詩作《嘉山憶》有感

澆麥

披星衣不暖，
映月水含春。
汩汩清如許，
青青麥葉新。

割麥

晨風翻麥浪，
曉月照彎鐮。
麥壠擡頭遠，
腸飢日漸炎。

中秋

京畿東百里，
秋水鑒嬋娟。
濁酒愁腸苦，
家園醉夢牽。

餵豬

爭啖豕聲歡，
槽頭五鼓寒。
今朝司彘圈，
何日頂儒冠？

常困惑於平聲化的入聲字。曾跟同學黃敏討論入聲多次，受益。

黃敏詩作載《回首春風》上卷，2018.
ISBN: 172505230X，amazon.com.

晨路

2016.3.1

初日蒼雲後，
朝霞照路人。
飛鴻何欲往，
又復一曦新。

讚 7702 群主

2015.3.8

曼妙穿梭影，
玲瓏一線牽。
春風吹面暖，
細語潤心田。

澆梅

2016.3.28

詩畫中梅花令人神往，空活至今，未曾見過真梅花。經邱齊提點，於後院种紅梅蠟梅各三株。不時澆水，盼睹梅花傲雪。

梅嫩迎風綠，
荒花沒膝薰。
暮雲低雨燕，
樹影隱牛群。

雲靜畫室牡丹

2016.4.17

國色生纖手，
天香繞指融。
洛陽仙子至，
爭艷靜廬中。

（高雅梅畫，國色天香，2016。）

雨後漫步

2016.7.16

暑熱雷公奮,
黃昏雨意微。
霞披清爽境,
拔地霓虹飛。

(殷平攝,鄉居虹霓。)

學八大山人畫有感

2016.8.30

家亡國破,隱循空門。
晨鐘暮鼓,惆恨無垠。
茫茫宇宙,一點微塵。
清風一縷,不入混沌。
莊周化蝶,物我何分?
四方四隅,八大山人。
揮豪五色,墨寫乾坤。
濃疏淡密,飄逸清新。
魚翻棱目,勘破紅塵。
危崖鷹鷲,冷峻睨人。
蒼松挺拔,白鶴絕塵。
蓮荷傲立,莖葉森森。
歲經一運,慕者如雲。
追習先賢,夢作門人。

觀穆老師作焦墨
山水畫於雲静畫室

2016.10.1

點綫面三元，
手眼心至臻。
筆韻三波勁，
墨意千豪皴。
靈秀千峰峻，
生動萬物新。
身遺畫頁外，
山水歷遊神。

尋故

2016.9.3

時年耳順做童生，
故紙堆中覓舊情。
草舍酒酣吟李杜，
田園夢覺羨淵明。

丙申中秋

2016.9.15

陪伴母親度佳節
和妹妹弟弟齊聚京華

萬里萱堂會，
千言執手傳。
膝前時苦短，
窗外月初圓。

（燕子攝，團聚，2014。）

七九八

2016.9.17

難得與弟弟妹妹一齊逛京城名勝

故地月圓後,
偕遊秋色嘉。
陸離光怪影,
悅目賞奇葩。
二傻萌憨夢,
毒師壁塗鴉。
無頭揮巨手,
泥偶笑哈哈。
句芒心儀久,
戒指偈言誇。
宝蓝環皓腕,
陶笛樂聲佳。
閒話涵今古,
清談一盞茶。
東西常遠別,
何日會京華?

寄武兄

2016.10.15

兩年前,與武兄國祥、胡曉東和林虹,在海淀小酌,相談甚歡。一月前,隨幾位同學,去看望病中武兄,可惜未得一見。不想竟成永訣。

菊茂蟹肥天宇碧,
天涯正憶對斟時。
忽聞一鶴凌霄去,
寂寞秋風送故知。

(載《回首春風》上卷,2018. ISBN: 172505230X,amazon.com.)

慕倪雲林

2017.1.26

裂帛嗤銅臭，
無言藐俗人。
太湖飄一葉，
淡泊寫天真。

（殷平臨摹【元】倪瓚《虞山林壑圖》）

讀劉希夷《白頭吟》

2017.1.30

日是今朝日，
人非昨夜人。
盤盤人世路，
步步景觀新。

《白頭吟》

【唐】劉希夷

洛陽城東桃李花，飛來飛去落誰家。
洛陽女兒惜顏色，行逢落花長嘆息。
今年落花顏色改，明年花開復誰在。
已見松柏摧爲薪，更聞桑田變成海。
古人無復洛城東，今人還對落花風。
年年歲歲花相似，歲歲年年人不同。
寄言全盛紅顏子，應憐半死白頭翁。
此翁白頭真可憐，伊昔紅顏美少年。
公子王孫芳樹下，清歌妙舞落花前。
光祿池臺文錦繡，將軍樓閣畫神仙。
一朝臥病無人識，三春行樂在誰邊。
宛轉蛾眉能幾時，須臾鶴髮亂如絲。
但看古來歌舞地，惟有黃昏鳥雀悲。

和八大山人

2017.3.29

缺月夜朦朧，
書案孤燈影。
鉤擦點染皴，
松壑春山靜。

《春山微雲圖》題詩

【清】八大山人

壘閣值三更，
寫得春山影。
微雲點綴之，
天月偶然净。

丁酉穀雨

春風化雨夢難成，
薄露新花浴後盈。
幼竹曉天依水翠，
枯林一夜傍山榮。

聽小慶唱
《父親的草原母親的河》

2017.5.2

一曲動心弦,
思親淚泫然。
天涯遊倦客,
故土藕絲連。

時誦東坡《永遇樂》云:"天涯倦客,山中歸路,望斷故園心眼。"故自號天涯倦客。

(Yang, Eric. *Maasai Mara*. 2016.)

《蘭亭序》集字律絕十首

2017.5.10

王羲之《蘭亭序》凡三百二十四字,臨摹數月。興起,集文中字作此。

情惓流年暮,
欣悲寄激湍。
惠風天暎水,
林茂有幽蘭。

萬事終陳跡,
人生固有期。
不悲欣暢短,
懷古和賢知。

脩稧蘭亭外,
風清會暮春。
快然情自足,
極目騁懷人。

峻嶺清流暎，
群賢列坐欣。
蘭亭脩禊事，
感慨悟斯文。

知足為長樂，
無為盡自然。
感懷嗟歲暮，
觴詠攬天年。

春禊蘭亭會，
風和氣亦清。
雖無絲竹盛，
山水寄幽情。

少長群賢集，
清觴詠古今。
茂林幽曲水，
脩竹盛山陰。

俯視激流聽,
仰觀峻嶺形。
怏然殊異趣,
曲水詠蘭亭。

悟言於靜室,
浪跡在崇山。
俯仰人生短,
隨興宇宙間。

今時與古昔,
趣舍信嘗同。
世事雖殊異,
興懷攬古風。

(臨摹《蘭亭序》)

等苒苒電話

2017.5.17

寫罷黃山飄逸景，
案頭燈下已三更。
相期萬里風鈴響，
滿耳蛙聲靜夜鳴。

(Yang, Helen H. *Trumpeter Swans*. 2011.)

丁酉五月月将圓

2017.6.7

昏花醉眼月成雙,
遙對星河北斗光。
月下鄉愁濃似墨,
飛舟閃過暮雲蒼。

(殷平攝,石斛向月,2020。)

題白健明
尼加拉瀑布照

2017.7.2

瀑飛千丈瀉流光，
老去流光對數量。
縱使勞生延百歲，
三元不得二元長。

註：常用對數化十為一；三元甲子每一元為六十年。

（白健明攝，尼加拉瀑布夜景，2017。）

臨石濤山水

2017.10.9

書畫同枝技，
襟懷寓意寬。
醉毫書浩氣，
水墨寫峰巒。

（臨摹【清】石濤黃山畫卷，題詞見 p58。）

行書訣

(一)

中鋒運筆慎偏行,
永字勤修點畫明。
起筆露藏承上下,
收豪提頓忌浮輕。
情牽勢動雲形變,
意寄連綿雁陣鳴。
字載文心文載道,
心清氣暢韻天成。

(2017.10.11 初稿,2017.11.1 終稿。)

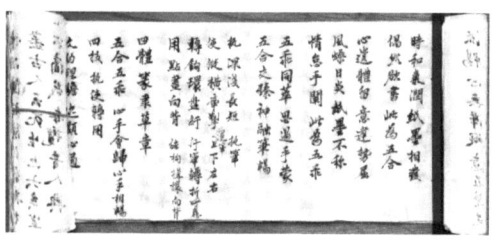

(書法筆記)

行書訣

(二)

中鋒為主，慎用偏鋒。
永字八法，點畫分明。
起筆露藏，上下啟承。
收筆提頓，切忌率輕。
字內行間，顧盼呼應。
勢隨意動，一字多形。
力達毫端，筋韌骨錚。
剛柔相濟，手應心聲。
疾徐有致，水流雲行。
筆意連綿，雁陣掠空。
字載文思，論道抒情。
心清氣暢，神韻天成。

（2017.10.11 初稿，2017.11.1 終稿。）

臺灣環島遊絕句八首

2017.10.7 - 10.14

日暮登臺北 101

節節雲天聳，
燈光萬戶明。
雲煙迷望眼，
風起盡澄清。

（殷平攝，臺北 101 夜色，2017。）

風雨忠烈祠

驅虜復中華,
平倭衛國家。
一腔鮮血灑,
沃土育奇葩。

(殷平攝,臺北忠烈祠,2017。)

日月潭清晨

白鹿穿林引，
青龍繞水蟠。
水清昭日月，
竹茂隱幽蘭。

日月潭文武廟

孔子文成聖，
雲長信義公。
千秋懷武穆，
報國盡精忠。

墾丁龍蟠公園

碧海琼崖兀，
藍天白浪延。
沙飛迎面屬，
風嘯髮沖天。

（殷平攝，碧海龍蟠，2017。）

臺東三仙石

滄海風颺俗念輕，
浪濤聲搗欲心平。
三仙石畔尋仙跡，
八拱橋頭度眾生。

（殷平攝，臺東三仙石，2017。）

太魯閣長春祠

橫貫危巖路，
犧牲二百人。
淚飛清瀑下，
疊翠奠長春。

（殷平攝，長春清瀑，2017。）

太魯閣慈母橋

峭壁深溪一綫天,
情悲愛子淚盈川。
哀聲激盪回紋壁,
翠綠山巒落雨煙。

(殷平攝,慈母橋頭,2017。)

讚@孤鷥 踏雪峨嵋山

2017.10.21

風雪峨嵋境，
靈猿玉樹驚。
漫山人跡渺，
孤鷥獨遨行。

（黃敏攝，峨嵋靈猿，2017。）

辛夷

2017.12.3

電視劇《春風十里不如你》觀後

春風十里百花妍，
一朵辛夷惜未全。
灑淚難酬君子誼，
幽情縷縷寄綿綿。

(初稿手跡)

讀@ruby《獨墅湖》文

2017.12.29

仿詩經蒹葭篇

長空蒼茫,蒹葭何方?
望湖伊人,秋水徜徉。
舊景蕩然,顧影感傷。
神思綿長,白鷺水天翔。

@ruby 原文節選:詩經裡詠唱過「蒹葭蒼蒼,白露為霜」的水鄉畫面,現在白鷺園已不復存在。白鷺曾經棲息的蘆葦蕩,已從獨墅湖消失了。

《詩經 國風 秦風》

蒹葭蒼蒼,白露為霜。
所謂伊人,在水一方。
溯洄從之,道阻且長。
溯游從之,宛在水中央。

大楊寄小楊

2018.1.10

飛星一抹劃長空,
悵惜雙波入昊穹。
同室同窗君子誼,
九思永伴未名風。

大學四年,與雙波同住一室;先住 31 樓,後住 41 樓。虛長兩歲,我是大楊,雙波是小楊。不想竟先我而去,傷之。

君子九思(《論語‧季氏》):

> 視思明,聽思聰,色思溫,
> 貌思恭,言思忠,事思敬,
> 疑思問,忿思難,見得思義。

(載《回首春風》上卷,2018. ISBN: 172505230X,amazon.com.)

寄羅準

2018.1.25

君魂逸去化長虹，
五載同窗憶八中。
盼起沉痾常聚首，
依稀只得夢中逢。

雪中讀雨清春分詩

2018.3.23

梅花始墜尚微薰,
雪落柔枝綴密雲。
遠慕星巖桃杏色,
潺湲碧水早春芬。

雨清之詩詞,恰如其名：雨後春容,清新出塵。得在 7702 茶詩社相識，幸甚。

（殷平攝，雪霽虹飛，2014。）

京華二首

2018.5.2

玫瑰

百里環行道，
玫瑰一路香。
城垣無覓處，
壕水幻花牆。

祭父

峻嶺連天碧，
追懷織幻雲。
欲言還咽咽，
灑酒淚紛紛。

日本紀遊九首

2018.5.7 – 5.19

海濱公園粉蝶花

Hitachi Seaside Park

潮風海氣雨濛濛，
粉蝶花藍接昊穹。
轉步林間幽靜路，
塵心漸洗一時空。

（粉蝶花 Nemophila，和名瑠璃唐草）

櫪木县足利花卉公園二首

百歲長藤紫，
無緣品異珍。
黃藤花尚燦，
不負賞花人。

五瓣石楠花，
含嬌一面紗。
幽香遮不住，
蛺蝶競追誇。

（殷平攝，石楠花，2018。）

富士山

上山至第五站,驟雪封山,
悻悻而下。下至第一站,
天轉晴,得見真容。

　　茫茫疾雪夏初間,
　　萬里循名一面慳。
　　回首山前驚變幻,
　　晴空廓落見真顏。

(殷平攝,富士山雪霽,2018。)

東京小石川後樂園

樓叢鬧市徑幽通，
半月橋頭竹木蔥。
一鶴翩翩龜晏臥，
輕盈錦鯉戲水中。

（殷平攝，半月橋，2018。）

東京築地魚市

窄巷人流涌，
魚鮮一日晨。
問君盤上物，
皆是有鱗身。

東京皇居御苑二之丸園

中分碧水一橋彎，
倒映青松小路閒。
倦鷺孤棲頑石上，
游魚擺尾睡蓮間。

（殷平攝，東京皇居御苑，2018。）

和天龍放翁

竹影清幽境，
芳華沁曉曦。
靜參天地道，
飛鳥繡霞衣。

京都天龍寺天龍放翁刻石(1974)

掬水月在手，愛花香滿衣。
觀音大士境，鳥啼喧騷稀。

（此詩首聯源自唐代于良史《春山夜月》詩頷聯：掬水月在手，弄花香滿衣。）

京都元離宮二条城清流園

木舍柴門內,
茶香蘊盞清。
微山環水翠,
得拂鏡心平。

(先誠攝,清流園,2018。)

先達通惠河畔散步

2018.6.9

細雨喧囂去,
清心漫步人。
樓林流水映,
花徑傍河伸。

(先達攝,通惠霞影,2018。)

驚聞朋友罹患絕癥

2018.6.12

夏日晴空好，
忽來一片雲。
長嗟人世路，
逆旅更辛勤。

（初稿手跡）

世界杯賽間

2018.7.7

英國對瑞典賽後,等著下一場比賽。手捧清茶一盞,加上幾朵殷平種的茉莉花,在陽臺上閒坐。

> 難能小暑似清秋,
> 入眼濃茵玉黍稠。
> 賽場鏖兵喧鬧悄,
> 芳香浸齒意悠悠。

《中華好詩詞》觀後

2018.7.31

憑欄翹首夜深恆,
密佈陰雲雨露凝。
耳畔千秋佳句誦,
時空幻變逐賢朋。

(殷平攝,冷豆帶雨,2018。)

等女兒電話

戊戌六月十九日夜

萬里異鄉行,
東西別梦縈。
期聽零絮語,
遲暮寸心平。

(Yang, Helen H. *Half Dome*. 2014.)

題若方蘭花

2018.8.6

初霞朵朵起柔枝，
淡淡幽香入畫時。
一品清姿梅竹友，
蘭心惠質幾人知？

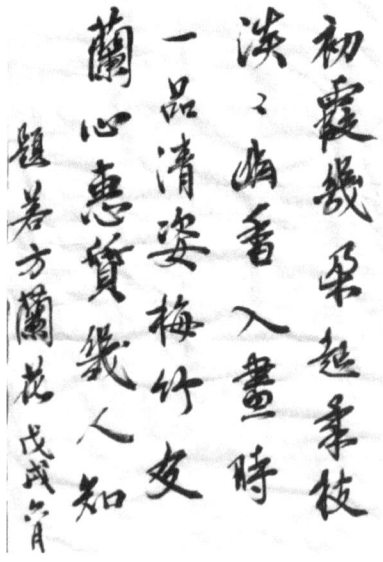

（初稿手跡）

路

戊戌七月初六

驅車何疾奔膏粱，
月墜霞昇天有常。
日往夜歸行此路，
詩絲詞縷緒枯腸。

（初稿手跡）

紫薇

戊戌七月十三日

烏啼雁唳啟秋聲，
忽見芳菲浸雨橫。
待得雲開虹吐處，
玲瓏臥翠俩盈盈。

再校《回首春風》

戊戌七月十三日夜

燈殘夜永賞華篇，
滿紙真情溢夢泉。
月透紗簾蚕噪遠，
春風字字動心弦。

（初稿手跡）

再觀《中華好詩詞》

戊戌立秋

詩詞代代朗聲傳,
雋語涓涓蝶夢牽。
淺酌低吟諧物我,
一懷風雅了塵緣。

蠟梅

2018.12.17

雪霽寒天肅,
霜凝蠟蕊香。
雲深遊倦雁,
日淺戀冬陽。

林虹航拍海南晨景觀後

2019.2.6

仿詩經蒹葭篇

雲山蒼蒼，
白霧茫茫。
望海伊人，
展翼大疆。
灼華霞披，
燁熠幻光。
蜃樓瑤枝，
宛若蓬萊鄉。

（林虹航拍，海南晨光，2019。）

埃及紀遊六首

2019.2.10 – 2.20

埃及南高北低,分稱為上下埃及,以蓮花(Lotus)和莎草(Papyrus)為象徵。尼羅河由南向北貫穿全境。古埃及法老歷三十朝代(3100BC-332BC),信仰更迭的痕跡歷歷在目。河西岸矗立著三座大金字塔(約建於 2550BC),與銀河參宿(獵戶座)三星遙相呼應。三塔連線與河流之夾角,相合於三星連線與銀河走向之夾角。

> 柱石浮雕數徘徊,
> 巍峨殿宇歲月摧。
> 銀河參宿三星燦,
> 大漠陵山一綫開。
> 法老沉浮三十易,
> 神靈上下幾番哀。
> 蓮花莎草尼羅秀,
> 世異人非惜瑋瑰。

晨曦

乘綠皮火車臥鋪一夜自开羅至阿斯旺

長鳴氣笛夢魂驚,
風露凝窗旭日昇。
白鷺翻飛田野綠,
亭亭棕櫚水邊青。

(白鷺乃古埃及公正及智慧之神)

沙海蜃樓

茫茫大漠闊連天,
正午驕陽幻妙玄。
乍見波光鄰影澹,
輕舟飛棹畫樓前。

阿布辛貝神廟

Abu Simbel

拉姆西斯二世（Ramesses II）南掃努比亞，北蕩敘利亞，再次一統埃及。為慶功及正名，歷廿載(1264BC-1244BC)，穿鑿整座山成神廟。每年冬至前後第六十天（十月廿二日及二月廿二日），午時陽光穿入廟門，照亮四尊神像之三尊，惟地府之神不見陽光。

> 掃平外虜仰神明，
> 劈鑿山巖祭殿成。
> 兩度年年光射處，
> 三尊熠熠一尊盲。

（殷平攝，阿布辛貝神廟，2019。）

尼羅河上乘帆船

沙渚蒹葭盛，
微風拂面輕。
清鄰帆影照，
白鷺掠波行。

（殷平攝，尼羅帆影，2019。）

开羅元夕

尼羅河畔月，
金字塔尖圓。
異國思鄉切，
華燈夜可眠？

題小潔山花照

2019.3.21

和風雨斂洗春容,
麗日山清野趣濃。
錦繡連綿天盡處,
香塵草徑沒花叢。

(Yang, Xian-Jie. *Wild Poppy*. 2019.)

己亥清明十首

2019.4.1 – 4.14

兒童醫院南小公園

點點花紅新柳綠，
京華三月暖晴空。
鄉音悅耳言難喻，
誰道春風處處同。

光善導遊北大校園

春風回首又逢春，
萬里故園會故人。
重踏湖邊尋夢路，
少年學子舊時身。

祭祖

山東禹城 河南鄧州

思親潮湧浸心田,
九叩尋根祭祖先。
四海飄遊霜鬢髮,
中原故土續前緣。

楊家河套

世代傳耕讀,
綿延徒駭邊。
一朝遊學遠,
繼世故園牽。

(禹城老家及禹王亭坐落在徒駭河邊)

洛陽中華牡丹園

身臨花海意迷茫,
粉浪紅波湧夕陽。
風拂芳容驚國色,
鶯啼金蕊醉沉香。

(殷平攝,洛陽牡丹集錦,2019。)

少林寺

晨曦一索貫群山,
黛綠叢中紫卉妍。
古剎禪宗源起處,
何因武技世流傳?

(殷平攝,少林寺塔林,2019。)

重遊洛陽龍門石窟

楊花半落伊河濱，
寶像莊嚴萬古新。
慧眼祥和凝視處，
喧囂摒去悟緣因。

（殷平攝，龍門石窟盧舍那大佛，2019。）

重遊洛陽白馬寺

白馬馱經萬里行,
佛光東漸度芸生。
釋源古寺香煙裊,
心鏡蒙塵拂後明。

乘高鐵

陌上花黃麥野盈,
山川靜謐掠窗行。
洛陽惜別千餘里,
已達都門夢未成。

京城琉璃廠

翰墨字彌香,
丹青寫意長。
酣毫泥硯潤,
雅趣寄流觴。

夜鶯

2019.6.1

一枕春寒倦意成，
恍惚百囀脆啼鶯。
綿綿月色穿簾靜，
細細風聲撫夢平。

(Yang, Helen H. *Gnatcatcher*.
Gouache on paper. 2010.)

亞速爾島四首

Azores Islands, Portugal

2019.6.12 – 6.18

桃園望斷向何求？
小島雲開野徑幽。
煙雨涳濛蒼翠見，
溫泉氳紗石邊流。

(Yang, Helen H. *Azores*. 2019.)

山路

三人溪畔杖黎行，
細語溫聲諧鳥鳴。
山野雄雞歌未斷，
蕉青竹翠瀑飛傾。

(Yang, Helen H. *Azores*. 2019.)

湖邊

層巖翠壁色斑斕，
小路苔青沒竹間。
一曲靈泉敲石磬，
百吟鳥語繞湖山。

(Yang, Helen H. *Azores*. 2019.)

海上逐鯨

無涯碧水接雲天，
海面豚嬉逐浪巔。
一葉漁帆孤影遠，
巨鯨戲舞動船舷。

(Yang, Helen H. *Azores*. 2019.)

再錄《插隊四季》詩有感

2019.8.3

瑜伽洗髓每微醺，
故舊群中憶舊聞。
昔夢圓時新夢擾，
浮生彈指似煙雲。

殷平素炒餅冠絕

2019.8.5

人間百味曾嚐遍，
何似家常一味鮮。
青白溫香欣肺腑，
舌尖絲縷繫鄉弦。

（殷平攝，清香，2020。）

雨中池邊漫步

2019.8.15

蓮花池面靜，
雨打碧漪重。
空羨閒雲趣，
飄搖莫所蹤。

羨讚鳳國伉儷登惠峰

2019.8.23

笑語羊腸路，
星稀月色寒。
松風乘比翼，
吟嘯傲峯巒。

（孫鳳國攝，惠峰頂上俯瞰群山，2019。）

鳳國識：我們 8 月 15 日 -- 8 月 16 日登了美國大陸最高峰 -- 惠特尼峰（Mt. Whitney）。這次行動創造了我們登山的五項紀錄：(1) 海拔最高：4421 米；(2) 淨昇高最高：1900 米；(3) 里程最長：手機顯示 30 miles，公園資訊 24 miles；(4) 耗時最長 25.5 小時；(5) overnight hiking.

己亥中秋

西海岸小潔泳池賞月
東海岸鄉居蒼雲滿天

親情最是別時濃，
佳節遙知念想同。
此地夜空藏桂魄，
他鄉明月湧池中。

(Yang, Xian-Jie. *Autumn Moon*. 2019.)

答同事陸韻慧退休贈言

莫道桑榆晚 為霞尚滿天

2020.2.26

迟暮知天晚,
年高可自憐。
扁舟行逝水,
詩酒慰餘年。

《酬樂天詠老見示》
【唐】劉禹錫

人誰不顧老,老去有誰憐?
身瘦帶頻減,髮稀冠自偏。
廢書緣惜眼,多灸為隨年。
經事還諳事,閱人如閱川。
細思皆幸矣,下此便翛然。
莫道桑榆晚,為霞尚滿天。

《詠老贈夢得》
【唐】白居易

與君俱老也,自問老何如。
眼澀夜先臥,頭慵朝未梳。
有時扶杖出,盡日閉門居。
懶照新磨鏡,休看小字書。
情於故人重,跡共少年疏。
惟是閒談興,相逢尚有餘。

细雨霜風　落葉驚秋夢
晨曦晚照　舉杯醉餘暉

（殷平攝，沉香，2020。）

懷念

2011–2020

(Yang, Helen H. *Denali*. 2011.)

長鋏歸來乎

小時候家中有一書櫃，是我喜歡翻的。櫃中多是爸爸出版社出的書。我八九歲時的一個星期天，又去書櫃裡翻騰。找到一本舊書，書頁已泛黃，連書皮兒都沒有。翻開一看，豎寫的書名。往裡翻了幾頁，豎版繁體字。想問爸爸，但他周日喜睡懶覺，常常要把他從床上拽起來。那天也不例外。等他起床，吃過早飯，忙把那本舊書拿給他看，問他是什麼書。爸爸隨口答道，《古文觀止》，這本書囊括了古文的精華，還有很多故事。我一聽有故事，就纏著爸爸，讓他給我講幾個。爸爸當然答應了，跟以往一樣。

爸爸抱起四弟，放在膝上。三弟也湊過來，和我坐在爸爸身邊。爸爸翻開那本《古文觀止》，隨手停在一頁說，這個故事挺有意思，就抑揚頓挫地念起來：「馮煖客孟嘗君」。邊念邊講。

那是兩千多年前，戰國時的事兒。孟嘗君是個貴族，有錢又好客，養了一群門客。按時下話來說，就是混飯吃

的主兒。其中一人叫馮煖，平時不起眼，孟嘗君也沒注意他。一天，馮煖彈鋏而長歌：「長鋏歸來乎，食無魚。」爸爸笑著對我們解釋，長鋏就是長劍，這馮煖在發牢騷，說他吃飯時沒魚吃。爸爸是山東人，普通話中帶些鄉音，聲音渾厚，發自胸腹。「長鋏歸來乎，出無車」，馮煖牢騷還沒發完，說他出門沒車坐。我們聽著都樂了。爸爸講著，我們聽著，爺兒幾個都挺高興。這也是我第一次聽到成語「狡兔三窟」。

數月前，爸爸剛過了九十歲壽辰，他的聲音依舊洪亮。每次在電話裡，聽到他中氣十足的聲音，就知道他身體依然健康。後來也讀《古文觀止》，也曾重溫「馮煖客孟嘗君」一文。原文大都忘了，惟有那兩句：「長鋏歸來乎，食無魚」，「長鋏歸來乎，出無車」，至今難忘。爸爸講故事時的音容笑貌，就在耳畔眼前。

（2011 初稿於新城，2020 修改於鄉居。）

馮煖客孟嘗君

齊人有馮煖者,貧乏不能自存,使人屬孟嘗君,願寄食門下。孟嘗君曰:「客何好?」曰:「客無好也。」曰:「客何能?」曰:「客無能也。」孟嘗君笑而受之曰:「諾。」左右以君賤之也,食以草具。居有頃,倚柱彈其劍,歌曰:「長鋏歸來乎!食無魚。」左右以告。孟嘗君曰:「食之,比門下之客。」居有頃,復彈其鋏,歌曰:「長鋏歸來乎!出無車。」左右皆笑之,以告孟嘗君。孟嘗君曰:「為之駕,比門下之車客。」於是乘其車,揭其劍,過其友曰:「孟嘗君客我。」後有頃,復彈其劍鋏,歌曰:「長鋏歸來乎!無以為家。」左右皆惡之,以為貪而不知足。孟嘗君問:「馮公有親乎?」對曰:「有老母。」孟嘗君使人給其食用,無使乏。於是馮煖不復歌。

後孟嘗君出記,問門下諸客:「誰習計會,能為文收責於薛者乎?」馮煖署曰:「能。」孟嘗君怪之曰:「此誰也?」左右曰:「乃歌夫長鋏歸來者也。」孟嘗君笑曰:「客果有能也,吾負之,未嘗見也。」請而見之,謝曰:「文倦於事,憒於憂,而性懧愚,沈於國家之事,開罪於先生。先生不羞,乃有意欲為收責於薛乎?」馮煖曰:「願之。」於是約車治裝,載券契而行,辭曰:「責畢收,以何市而反?」孟嘗君曰:「視吾家所寡有者。」驅而之薛,使吏召諸民當償者悉來合券。券徧合,起矯命以責賜諸民,因燒

兩支金筆

家裡有兩支金筆。爸爸的一支是英雄金筆，媽媽的一支是派克金筆。英雄金筆的筆桿是藍灰色，銀色筆帽；而派克的筆桿是墨綠色，金色筆帽。英雄和派克都是“自來水”筆，我們兒時叫鋼筆的。英雄是常聽到的詞兒，而派克聽起來有點兒怪。小時候，不止一次聽到爸爸和媽媽議論，誰的筆好。爸爸說英雄筆好用，媽媽說英雄筆是不錯，但派克更好。爸爸就會開玩笑說，媽媽是崇洋媚外。媽媽則反駁說，派克就是好用，哪裡是崇洋。原來，英雄金筆是國產的，而派克金筆是美國造的。多年後，到美國留學，纔知道派克是 Park 的音譯。鋼筆很少見到了，人們早就改用圓珠筆了。

鋼筆的筆尖分成兩瓣，之間有一道縫隙，可讓墨水在書寫的壓力下淌出，在紙上形成字跡。鋼筆都得吸墨水，英雄筆和派克筆吸墨水的原理相似。筆桿末端半寸處，可以擰開，有一小桿兒，可以伸縮。桿下邊是個橡皮囊，可存墨水。吸墨水時，把筆尖浸在墨

水裡，慢慢按下筆桿末端的小桿兒，再慢慢鬆開，墨水就被吸進皮囊。我不會寫字時，覺著吸墨水好玩兒。爸爸和媽媽都曾把著我的手，小心翼翼地讓我吸墨水。後來纔知道，吸墨水時，一不小心把筆尖碰到墨水瓶底部或邊兒上，掉在桌面上或地上，筆尖就可能被碰壞。等到我長大些，有了自己的鋼筆，而吸墨水也成了生活中不可或缺的一項內容。我雖看到了爸爸媽媽吸墨水時的小心，但還是毛手毛腳地碰壞過好幾支鋼筆的筆尖。好在那是些銥金筆，不那麼金貴。碰壞了的筆尖，有時剩下一瓣，寫出的字，筆畫斷斷續續，像是用蘸水筆寫的。那時郵局和銀行都用蘸水筆，寫幾個字，就得蘸一次墨水。墨水蘸少了，字跡不連續；墨水蘸多了，會"拉稀"，流在紙上一灘墨水。而有一肚子墨水，則是當時對讀書人的稱譽了。

打從記事起，就見爸爸用他的英雄筆，媽媽用她的派克筆，在一種滿是小方格的紙上寫字。小方格的四邊是綠色或紅色的細綫，行與行之間被一長條窄格隔開。原來那叫稿紙。等我會數數了，數過稿紙上的格和行：每行二十格，每頁二十行。有的稿紙，在左

下角或右下角,還印有 20x20 的字樣。
一張稿紙上的方格寫滿了,是四百個
字。

我六歲多,學會寫些字了。爺爺帶我
到附近的新華書店,挑了一本歐陽詢
九成宮字帖。又到旁邊的文具店,買
了一方學生用的石硯,一塊墨,一支
中楷羊毫毛筆,和一個銅筆帽。回家
後,爺爺教我如何執筆,研墨,舔筆,
臨帖。從此開始學寫大字了。大字寫
在舊報紙上,或爸爸廢棄的稿紙上。
小時候坐不住,寫不了一會兒,就要
出去玩兒。也沒有長性,三天打魚兩
天曬網的。爺爺並不使勁管我。就這
樣時斷時續地練大字,漸漸也寫得有
點摸樣兒了。媽媽把我寫的字,寄給
遠在湖北的姥爺。姥爺看後很高興,
寫信誇我,還寄來他寫的字。我得到
誇獎,又多練了幾天大字,然後就又
曬網了。

上小學後,媽媽見我的字跡還算工整,
就讓我幫她抄稿子:用她的派克筆,
寫在稿紙上。我識字不多,媽媽寫字
有連筆,又是醫學名詞,很費勁兒。
我得常問媽媽,這字是什麼,那字怎

麼寫，她都耐心教我。就這樣磕磕碰碰，竟也抄了幾篇稿子，字也有長進。幫媽媽幹了點兒事，我挺高興的。後來老師也曾在班上誇我的字，心裡自有幾分得意。那時，哪裡曉得媽媽的苦心。

那年，爸爸媽媽來美國看我們。媽媽說，給你帶來一樣東西。拿出一看，竟是那支派克金筆。筆帽有些褪色，筆桿依舊墨綠。兒時的情景，霎時浮到眼前。媽媽說，退休了，這筆現在也不用了，你留著吧。我問爸爸，那支英雄金筆呢？爸爸答道，在幹校丟了。聽後唏噓。

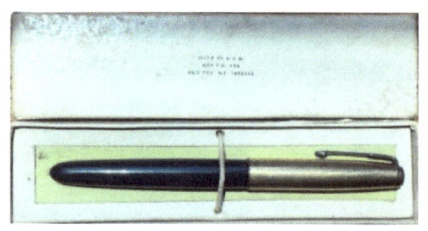

後來家中曾失竊。檢點失物，萬幸金筆還在。媽媽的派克金筆，連帶著拳拳之心和兒時的記憶，我珍藏著並傳下去。

（2012年於新城，2020年修改於鄉居。）

歌聲喚起媽媽的記憶

你靜靜地坐著
白髮蒼蒼
你的眼眸不再清亮
目光時而向前
時而向上
看著我
又似穿向遠方
默默遐想

一曲老歌飄起
似涓涓溪水
流入心底
你手指微動
腳掌輕拍
唇邊喃喃細語
那熟悉的旋律
喚醒了
你休眠的記憶
你乾瘦的左手
握著我的右手
時緊時鬆
悄然發力

隨著音調的起伏
你仿佛回到那
遙遠的過去
微笑舒展了
你臉上的皺紋
輻射出
無垠的慈祥
矍鑠的生機
共振於
我臉上的笑意
激盪起
我心中的漣漪

（2018.2.23，這竟是我和媽媽
一起度過的最後的一個春節。）

(Yang, Helen H. *Columbia Bay*. 2011.)

媽媽走了

媽媽走時
我正趕往家中
雲舟淺夢
好似往常一樣
喊聲媽媽
略洗旅塵
再握著你溫暖的手
四目相視
輕言絮語
緊緊相擁
可這次
媽媽竟不再甦醒
我回來晚了
沒能當面喊聲媽媽
在病榻前
陪你最後一程

熟悉的家中
好像一切如舊
但又如此不同
沙發上
媽媽的座位已空空
那隻布猴子

曾被媽媽
抱在懷裡
枕在頭下
倚在背後
此時卻孤零零地
懸在椅背正中
相伴十載的小燕
消瘦了臉頰
哭紅了眼睛
媽媽
我真想你啊
此去何匆匆
錐心之痛
催著眼淚狂湧
沖洗著我的面容

媽媽
你做了四十年的醫生
在兒童醫院的診室裡
在耳鼻喉科的手術室中
救治了多少兒童
從我記事起
不知多少次
夜半
被敲門窗的聲響驚醒

劉大夫劉大夫
又有急診難癥
你匆匆穿衣離去
回家時天已放明
那時沒有年假
你一周工作六天
一上午八十個門診患兒
來自全國各省
操著不同口音的哭聲
日日月月年年
竟有百萬之眾

媽媽
工作家務那麼繁重
你仍研讀文獻
搜集病例
著書立說
使醫術精而又精
僅有的周日
你的心血
傾注在我們四人身上
你和爸爸
言傳身教
在我們的心田裡
播下了求知之種

在那讀書無用的年代
堅守讀書明理的家風
你心中泣血
擔憂我們
無法圓大學之夢
一九七七年末的高考
一九七八年初的春風
我們三人考上了
清華師大和北大
你和爸爸是多麼地高興
三年後
四弟繼承了你的衣缽
成了協和的新生

媽媽
每個週六的晚餐
在六樓的八仙桌旁
我們說著
大學校園的生活
你和爸爸
靜靜地傾聽
臉上滿是笑容
黑白電視熒幕上播放著
大西洋底來的人
姿三四郎

武松
小香檳和啤酒
就著風乾腸和德州扒雞
談笑聲中
其樂融融

媽媽
我們遠渡重洋
留學異邦
總盼著你和爸爸的書信
每週一封
看著熟悉的筆跡
諄諄教誨
拳拳關愛
如清泉
流出你們的心眼
淌入我們的心田
滋養著我們的心靈
天各一方
不能承歡膝下
心的一角
永遠隱隱作痛

媽媽走了
信靈魂不滅

飛天重生
在我們這個時空
你的氣息
你的慈愛
你的音容
匯入我們的呼吸
融於我們的血脈
刻在我們的心扉
陪伴我們的一生

（2018.8.31 初稿手跡，2020.9.3 終稿。）

管豹窺斑　何知靈獸斑斕疾似電
獼猴撈月　只道玉盤盡碎空咨嗟

（殷平攝，東非獵豹，2017。）

補遺

第 5 頁「國蘭香雅」句,改為「國蘭香雅,株頂紅並蒂;君子蘭每年花開三度,斑竹海棠四季常開」。

第 25 頁「鄉居」改為「鄉居晨夕」;「只」是平聲化的入聲字,誤用:「牛馬兩三只」改為「牛馬步閒姿」。

第 26 頁「鄉居(二)」改為「鄉居春曉」。

第 27 頁「鄉居(三)」改為「鄉居春濃」;「滴水觀音」改為「斑葉竹節秋海棠」;又原文:君子蘭叢團燦萼,觀音露滴串花鐘。改為:君子蘭叢盈俊逸,瀟湘竹淚點芳容。

第 82 頁「高雅梅畫」加「國色天香」。

第 113 頁「棲棲」改為「棲息」。

第 118 頁「記游九首」改為「紀遊九首」。

第 137 頁「記游七首」改為「紀遊六首」;「尼羅河始于」句,改為「尼羅河由南向北貫穿全境」。

第 148 頁「琉璃廠」改為「京城琉璃廠」。

第 159 頁「答同事退休贈言」改為「答同事陸韻慧退休贈言」;「發稀」改為「髮稀」。

第 162 頁 刪「像是古文」;「門士」改為「門客」

第 166 頁「幾隻鋼筆」改為「幾支鋼筆」;「小方格」句,有刪加。

第 167 頁「研磨」改為「研墨」。

第 177 頁「管豹一斑」改為「管豹窺斑」。

異體字

俢修:『蘭亭序』集字詩,用「俢」,與王羲之所書一致,餘處用「修」。

条條:元離宮二条城,日語用「条」,保留。

(2022.8.19)

www.ingramcontent.com/pod-product-compliance
Lightning Source LLC
Chambersburg PA
CBHW042235090526
44589CB00001B/2